AF408608

CHATGPT
PARA ESCRITORES

CÓMO ESCRIBIR UN LIBRO CON IA EN 24 HORAS

Kevin Albert

ISBN 978-9916-9940-6-1

Aviso: Este trabajo se deriva de la experiencia del autor en la escritura, publicación y venta de libros. Su objetivo es informar e inspirar a otros escritores, proporcionándoles herramientas y estrategias para triunfar en su camino hacia la autopublicación. No existe una fórmula mágica para todos, por lo que las ideas y consejos expuestos deben ser seleccionados y adaptados cuidadosamente para satisfacer las necesidades, metas y deseos de cada individuo particular.

«No es la especie más fuerte la que sobrevive, ni la más inteligente; es la que mejor se adapta al cambio.»

— Charles Darwin

25 de abril - 06:00 AM

ÍNDICE

¡Un regalo solo para ti!

¿Te gustaría leer **mi próximo libro completamente GRATIS**? ¡Escanea el código que aparece debajo y **apúntate a mi club de lectores**!

Te esperan grandes sorpresas: sé el primero en leer mis nuevos lanzamientos, escucha mis audiolibros de forma gratuita, consigue copias firmadas y dedicadas... ¡y mucho más!

Introducción

Allí estaba, sentado durante horas ante mi portátil, mirando una página de Word en blanco. Las palabras simplemente se negaban a salir. No era algo nuevo. Llámalo bloqueo del escritor, llámalo falta de inspiración, llámalo, no sé, lunes... da igual. El hecho era que estaba atascado.

Y enfadado.

¿Cómo era posible que existiesen robots que limpiasen cada rincón de la casa o condujesen un camión durante cientos de kilómetros, pero no hubiese ninguno que me ayudase a escribir mi libro? Aunque solo fuese un trocito.

En aquel momento no podía si quiera imaginar lo que estaba a punto de llegar. Y hacer temblar el mundo.

¡Bienvenido a una nueva realidad! La realidad de la inteligencia artificial (IA) y ChatGPT. Una realidad en la que, finalmente, las máquinas pueden escribir un libro. Y no solo un trocito.

No estoy hablando de robots sentados en cadena ante cientos de máquinas de escribir. No, la realidad es a la vez menos dramática y más revolucionaria. Cuando hablamos de IA en el mundo de la escritura, estamos hablando de una tecnología capaz de generar contenidos, editar, corregir e incluso ayudarte a vender tu libro. Estamos hablando de ChatGPT.

Explicado de forma sencilla, ChatGPT es una herramienta de IA entrenada con una gran cantidad de información y diseñada para entender tus preguntas y proporcionar respuestas relevantes y coherentes. Un asistente virtual al que puedes hacer preguntas, pedir ayuda con diferentes tareas o simplemente mantener una conversación.

Es como un super periodista capaz de escribir a una velocidad endiablada y con una calidad que muchos querrían para sí y que además no necesita hacer una pausa para estirar las piernas, ir a ver qué hay de picar en la nevera o se distrae revisando los *likes* de la última foto que subió a sus redes sociales.

Y es aquí donde a muchos les entran los sudores fríos. ¿Quiere decir esto que los escritores vamos a ser remplazados por esta nueva tecnología?

Personalmente pienso que no. Al menos, **todavía** no.

A día de hoy, ChatGPT tiene sus fallos: puede dar respuestas incorrectas, carece de creatividad y subjetividad, su comprensión contextual es limitada y no tiene conocimiento actualizado.

Pero que estos fallos no te hagan subestimar su potencial. Simplemente piensa en esta IA como un cachorro al que adiestrar. Si le damos la orientación y las instrucciones adecuadas, las posibilidades son ilimitadas. De nosotros depende enseñarle modales y que no muerda al vecino.

Puedes que estés pensando: "¿Otra herramienta más que aprender a dominar? ¡Si ya no me da la vida!" No te preocupes, es todo lo contrario. Por un lado, para sacar provecho de ChatGPT no tienes que ser un experto en ChatGPT, recuerda que está diseñado para entenderte, de modo que, aunque seguro que irás mejorando con el tiempo y la práctica, podrás sacar partido de ella desde el minuto uno. Y, por otro lado, ChatGPT se convertirá en un gran aliado para optimizar tu tiempo, encargándose de las tareas más tediosas y acelerando procesos (entre otras) para que tú puedas dedicarte a lo que realmente importa. O a lo que te apetezca. ¿Sesión de Netflix mientras ChatGPT decide dónde van los acentos y las comas? ¡Por qué no!

Soy de los que piensa que la IA no ha venido a dejarnos sin trabajo. No a todos. Si somos capaces de adaptarnos y sacarle partido, nos ayudará a mejorar nuestro oficio, y con este, a aumentar nuestra calidad de vida. Piensa en ella como en tu nuevo ayudante de redacción, como un becario entusiasta que no necesita café ni tiene problemas de conciliación laboral.

Así que, tanto si ya eres autor bestseller como si aspiras a serlo, o simplemente te atrae la idea de combinar tecnología y escritura... ¡abróchate el cinturón! Estas a punto de sumergirte en un apasionante viaje en el que descubrirás cómo la inteligencia artificial va a cambiar el mundo tal y como lo conocemos.

Puede que hayamos llegado a un punto de la historia donde escribir bien ya no sea suficiente para triunfar en el mundo literario. Puede que, como lleva demostrado la evolución durante millones de años, no sea el mejor el que prevalezca y gane la batalla, sino aquel que mejor se adapte al cambio.

No te quedes atrás, ¡vamos allá!

CAPÍTULO 1

ChatGPT: El mejor aliado del escritor

Como ya comenté en *Vivir de mi libro*[1], todo escritor, ya sea un reconocido autor bestseller del New York Times o un completo desconocido que está dando sus primeros pasos en el mundo literario, ha enfrentado o va a enfrentar una serie de obstáculos comunes: bloqueo del escritor, síndrome del impostor, falta de tiempo o de motivación... la lista es larga.

¿Y si te dijera que ya no tienes que enfrentarte a estos temidos obstáculos en soledad?

---

[1] *soykevinalbert.com/vdml*

Imagina: Has tenido un largo día de trabajo y tu cerebro está hecho papilla. Lo último que te apetece es sentarte a escribir. Pero te has comprometido contigo mismo, o con tu editor, y necesitas avanzar unos cuantos párrafos más si no quieres irte a la cama sintiéndote un fracasado o, lo que es peor, sin trabajo por no haber cumplido los plazos marcados. Mientras miras fijamente el cursor parpadeante de la pantalla de tu ordenador que parece burlarse de ti, gritas para ti mismo: "¡Ojalá hubiese alguien que me echase una mano!".

Aquí es donde entra tu nuevo amigo y compañero, ChatGPT. No importa si decides levantarte antes del canto del gallo o te quedas escribiendo hasta altas horas de la madrugada, ChatGPT siempre está listo para arremangarse y ponerse manos a la obra.

Para todos aquellos que sufrimos la tiranía de la página en blanco, también conocida como: **el bloqueo del escritor**, ChatGPT será nuestro caballero de brillante armadura. Basta con que escribamos unas cuantas palabras para que la inteligencia artificial se ponga a trabajar y nos escriba los primeros párrafos o nos proporcione una serie de ideas que nos sirva de inspiración y nos permita salir del hoyo en el que estábamos metidos. Es como tener un entrenador personal., salvo que este no te exigirá que hagas otro burpee.

Pero digamos que sí surgen las palabras de forma más o menos fluida y escribes con la suficiente soltura como para avanzar a un buen ritmo. Sin embargo, tienes la impresión de que algo no termina de encajar. Escribes, borras, corriges... y así una y otra vez. Bienvenido a mi bloqueo "favorito": **la parálisis por perfeccionismo**. Compañero perfeccionista, respira hondo. ChatGPT ha venido a rescatarnos.

¿Un párrafo o capítulo no termina de convencerte? No hay problema. Pide a ChatGPT que te lo reescriba hasta dar con una versión con la que conseguir acallar esa vocecita de perfeccionista que nos susurra al oído.

¿Ya has leído y releído tu libro más de veinte veces buscando errores o faltas de ortografía? Prueba a pedir a ChatGPT que revise tu texto. Te sorprenderá ver hasta qué punto es capaz corregir y descubrir pequeños deslices que hasta al editor más experimentado le costaría encontrar. ¿No me crees? Pasa por ChatGPT algún libro que ya hayas publicado y creas "perfecto" y luego me cuentas.

No podemos obviar uno de los bloqueos que más veo en mis clientes: **el síndrome del impostor**. La creencia de ser un fraude, ya sea por inseguridad en sus propias habilidades de redacción o por cuestionar la calidad de su trabajo. Tal vez ChatGPT no pueda liberarte de tus dudas internas (puede que esto sea más cosa de un coach o psicólogo), pero sí puede ayudarte a continuar con tu proceso de escritura de varias maneras:

- **Ofreciendo feedback instantáneo**: ChatGPT tiene la capacidad de proporcionar comentarios inmediatos sobre tu escritura. Esto puede ayudarte a identificar áreas de mejora y fortalezas en tu trabajo, incrementando tu confianza y habilidades.

– **Asistiendo en la edición y revisión**: La edición y revisión son pasos cruciales en cualquier proceso de escritura. ChatGPT te puede ayudar a pulir tu trabajo y asegurarse de que tu escritura sea clara y coherente.

– **Contrastando información**: ChatGPT puede servir como una herramienta de *fact-checking*[2]. Si tienes dudas sobre la precisión de tu información, puedes usar ChatGPT para verificar los hechos y asegurarte de que tu escritura esté respaldada por datos precisos y actualizados.

– **Desmontando la creencia de un talento innato**: ChatGPT puede ayudarte a entender que la escritura es una habilidad que se puede aprender y perfeccionar con práctica y dedicación, en lugar de un talento innato que solo unos pocos privilegiados poseen.

---

[2] El *fact-checking*, también conocido como verificación de hechos, es un proceso mediante el cual se evalúa la veracidad y precisión de afirmaciones, declaraciones o noticias.

Por último, algo contra lo que todos luchamos, y no solo a la hora de ponernos a escribir es: **la falta de tiempo o de motivación**. Lo sé, especialmente si la escritura no es lo que te da de comer, sacar tiempo para hacerlo puede suponer un auténtico desafío. Antes te hubiese dado la razón: dedicar ese único ratito libre que tenemos a lo largo del día a sentarnos delante del ordenador para acabar escribiendo poco o nada puede acabar con las ganas de cualquiera.

Pero ahora, con ChatGPT, no tenemos excusas. Lo que antes no alcanzábamos a hacer en 2 horas, ahora podemos hacerlo fácilmente en media horita y todavía nos queda tiempo para hacer lo que realmente nos apetece. Además, no es lo mismo pasarte dos horas cada día mirando una pantalla en blanco, que ver como tu libro va tomando forma antes de que puedas darte cuenta. Te aseguro que la motivación que se deriva de esto hará que quieras dedicar más tiempo a escribir, incluso aunque ya no sea necesario.

En resumen, piensa en ChatGPT como tu compañero, tu copiloto, tu arma secreta en la batalla contra los retos del escritor. Como cualquier buen compañero, no está ahí para sustituirte. Al contrario, está ahí para apoyarte, complementarte y, tal vez, darte una patadita en el culo si es necesario.

Recuerda que lo mejor de ser escritor es... escribir. Así que hagamos del proceso algo ameno, divertido y mucho más fácil de lo que nunca había sido hasta ahora.

CAPÍTULO 2

Acelera y optimiza tu escritura con ChatGPT

Muy bien, ya ha quedado claro que ChatGPT puede ayudarnos a superar los distintos problemas u obstáculos que, en un momento u otro, sufrimos todos los escritores. Pero una cosa es ayudarnos a superar un bloqueo, y conseguir que sigamos escribiendo, y otra muy distinta es mejorar la calidad de lo que escribimos. Así que vayamos al meollo de la cuestión:

¿Realmente ChatGPT puede ayudarnos a sacar el Shakespeare que llevamos dentro?

Sin ninguna duda.

Recuerda que el éxito en la escritura tiene más que ver con la aplicación de métodos o sistemas eficaces que con un "talento innato". Estos pueden incluir: el proceso de investigación antes de comenzar a escribir, la creación de esquemas y mapas mentales detallados o utilizar técnicas específicas para el desarrollo de los personajes o la trama, entre otros.

A diferencia de los bloqueos del escritor, que son comunes a todo tipo de autores, las estrategias para optimizar y acelerar el proceso de escritura varían significativamente ente autores de ficción y no ficción. Mientras que en los primeros el mayor desafío consiste en el desarrollo de los personajes e historias, en los segundos la clave del éxito radica en una buena investigación y organización de la información.

Por ello, veremos por separado cómo ChatGPT puede asistir a unos y a otros.

10 instrucciones increíbles de ChatGPT para autores de ficción

Para el autor de ficción, el reto principal se centra en dar vida a sus personajes. Los personajes deben caminar, hablar, amar, odiar y sufrir transformaciones tan reales y profundas como el lector que sostiene el libro entre sus manos. La trama debe tejerse como una intrincada tela de araña, y cada hilo debe conducir al lector al corazón de la historia.

Aquí hace su entrada ChatGPT. La IA no sólo te ayuda a construir la narración y los diálogos, sino también a explorar las distintas facetas de tus personajes. Piensa en ella como si fuera tu Cyrano de Bergerac personal, susurrándote diálogos elocuentes al oído:

1. **Ideas para la trama**: ChatGPT es como una caja de bombones: "Nunca sabes lo que te va a tocar". Pídele ideas y puede que te cuente una historia sobre cómo los fantasmas de los dinosaurios

regresan para reclamar la Tierra, o cómo una mujer que puede transformar objetos en comida, desencadena una crisis económica. Dos ejemplos reales que acaba de ofrecerme con la simple instrucción: "dame un par de ideas locas para la trama de una novela con un máximo 20 palabras cada una".

2. **Desarrollo de personajes**: ¿Tienes problemas con los perfiles de tus personajes? ChatGPT puede ser tu director de casting particular. Introduce algunos atributos del personaje como: valiente, inteligente, impulsivo... y voilá, ChatGPT esbozará la historia de un personaje más rápido de lo que Robin Williams era capaz de improvisar.

3. **Creación de diálogos**: ¿Tus personajes te han salido poco habladores? No hay problema. Solo tienes que especificar los rasgos de estos, su situación actual, y dejar que ChatGPT les preste su elocuencia. ¡Se acabaron los silencios incómodos!

4. **Uso de diferentes estilos de escritura**: ¿Alguna vez has querido escribir como Hemingway, pero no eres capaz de superar la verborrea de Dickens? ChatGPT al rescate. Proporciónale una frase y pídele que la reescriba en un estilo diferente. Verás cómo tu frase es capaz de transformarse en un camaleón literario.

5. **Generación de escenas y descripciones**: Cierra los ojos. Imagina que estás en un bosque iluminado por la luna, con el crujido de las hojas bajo tus pies y el ulular de un búho a lo lejos. ¿Te cuesta ponerte en situación? Pide a ChatGPT que te dibuje la escena con palabras y sentirás que estás allí mismo, en el bosque. En serio, pruébalo. Es mágico.

6. **Construcción del universo**: Si estás más perdido en la construcción de tu universo que un hobbit en Mordor, ChatGPT puede ser tu Gandalf. Sólo tienes que darle los datos básicos, como el

género, el clima, la cultura... y él creará un mundo con su propia historia, geografía y mitología.

7. **Desarrollo de subtramas**: Una buena historia es como una orquesta sinfónica. Cuantos más instrumentos, más rica será la melodía. Pero coordinarlos todos puede ser difícil. Pide a ChatGPT que te sugiera algunas subtramas basadas en la trama principal y deja que tus lectores se deleiten con la sinfonía.

8. **Giros argumentales y *cliffhangers*[3]**: A veces, nuestra imaginación necesita un ligero impulso para saltar el precipicio de lo previsible. ChatGPT puede ser ese empujoncito. Pídele un giro basado en tu trama actual y observa cómo le da la vuelta a tu historia, dejando a tus lectores atónitos y con la boca abierta.

---

[3] los *cliffhangers* son momentos de suspenso al final de un episodio que dejan al público ansioso por la continuación.

9. **Finales alternativos**: ¿Alguna vez te has preguntado cómo habría sido 'Romeo y Julieta' si al final hubiesen acabado casándose en La Vegas? Seguro que a ChatGPT no le cuesta imaginárselo. Cuéntale tu historia y pídele un final diferente. Quién sabe, ¡puede que acabes teniendo una secuela!

10. **Simulación de lectores beta**: ChatGPT puede ser tu lector beta personal, examinando tu borrador en busca de incoherencias o agujeros argumentales. Puede que no llore ante tu trágico final, pero seguro que te avisará si la protagonista cambia su nombre por el de tu ex-novia durante 3 capítulos seguidos.

10 instrucciones increíbles de ChatGPT para autores de no ficción

Para el autor de no ficción, el reto consiste en construir una narración coherente y convincente a partir de montones de información. Su éxito depende de su capacidad para investigar con diligencia y organizar sus hallazgos.

Aquí es donde ChatGPT brilla como un faro en la noche brumosa. Te ayuda a organizar tus ideas, a presentar la información de forma clara y accesible, y a asegurarte de que no has pasado por alto puntos clave:

1. **Investigación automatizada**: ¿Te aterra la idea de pasarte horas y horas buscando y contrastando información en Google? ChatGPT será tu Sherlock Holmes particular. Pregúntale cualquier cosa y te dará una respuesta instantánea y detallada. ¿Necesitas documentarte sobre la vida en la época de los vikingos para tu próxima novela romántica? ¡No hay problema!

2. **Definir tu público objetivo**: Es esencial conocer a quién estás escribiendo para asegurarte de que tu contenido sea relevante y atractivo. Si no estás seguro de quién es tu público objetivo, ChatGPT puede ayudarte a definirlo, basándose en el contenido de tu libro y los patrones demográficos y de comportamiento del mercado.

3. **Sugerencias de estructura**: ¿Alguna vez has sentido como si estuvieras jugando al Jenga con tus capítulos? ¿No sabes dónde encajar esa anécdota ingeniosa sobre tu mascota? ChatGPT te ayuda. Es como tener un editor experto a tu disposición. Dile lo que quieres conseguir y verás cómo te ayuda a dar cuerpo a una estructura sensata para tu libro.

4. **Resumir o ampliar información**: ¿Un capítulo de tu libro te ha quedado mucho más largo que el resto, pero no eres capaz de escribirlo con menos palabras? Pide a ChatGPT que te ayude a resumirlo. Puedes incluso decirle en cuantas palabras quieres dejarlo. ¿En otro, en cambio, ya

no sabes qué más poner para acercarte a la extensión deseada? ChatGPT te ayuda a ampliarlo todo cuanto quieras.

5. **Ejemplos y casos de estudio**: ¿Te resulta difícil encontrar ejemplos relevantes y convincentes para respaldar tus argumentos? ChatGPT puede generar ideas y esbozos para casos de estudio pertinentes a tu tema. Asegúrate de pedirle que tenga en cuenta el contexto y el propósito de tu trabajo.

6. **Referencias y fuentes confiables**: ¿Te preocupa no tener suficiente tiempo para buscar y verificar tus fuentes? ChatGPT puede hacer una lista de fuentes que podrían ser útiles para tu libro. Eso sí, recuerda verificar y aprobar personalmente cada fuente.

7. **Ejercicios y actividades**: Si tu libro tiene un enfoque didáctico, podrías necesitar actividades que enganchen a tus lectores y les ayuden a aplicar lo que han aprendido. ChatGPT puede ayudarte a

diseñar ejercicios creativos y significativos que enriquezcan tu contenido. ¡Es como tener un pedagogo a tu disposición!

8. **Generar títulos y subtítulos atractivos**: ¿Te cuesta dar con ese título perfecto que represente tu libro y atraiga el interés de los lectores? ChatGPT puede preparar una lista de ideas atractivas. Puedes incluso pedirle que tenga en cuenta a qué público objetivo va dirigido ¡o que no se olvide del SEO[4]!

9. **Ideas para portadas e ilustraciones**: Aunque no puede dibujarlas, ChatGPT puede ofrecerte ideas de portadas basadas en tu libro, y en las preferencias actuales del mercado objetivo, o de las mejores ilustraciones para acompañar cada uno de tus capítulos.

---

[4] SEO es el acrónimo de Search Engine Optimization, que en español se traduce como "Optimización para Motores de Búsqueda".

10. **Descripciones que venden**: ¿Sabías que la descripción es uno de los principales factores de éxito de un libro? En lugar de limitarte a escribir una descripción sosa y aburrida con la que hasta tu madre dudaría si comprar tu libro, pide a ChatGPT que cree una descripción que atraiga el interés de los lectores. Prueba a pedirle que la redacte siguiendo una determinada estructura de copywriting o escritura persuasiva, como por ejemplo: AIDA[5].

Como ya te habrás dado cuenta ChatGPT no es sólo una herramienta de escritura; es como tu superpoder personal a la hora de escribir un libro. Un superpoder que va a permitirte alcanzar nuevas cotas de productividad, creatividad y, sí, velocidad.

---

[5] AIDA es un acrónimo que representa un modelo de comunicación muy utilizado en marketing y publicidad: Atención - Interés - Deseo - Acción

CAPÍTULO 3

Humaniza tu manuscrito

Ya hemos comprobado que ChatGPT puede ayudarnos tanto a superar los típicos bloqueos del escritor como a optimizar y acelerar nuestro proceso de redacción convirtiéndonos en un auténtico Shakespeare con esteroides.

Estupendo. Pero, aunque parezca mentira, puede que escribir rápido y bien no sea suficiente.

Seguro que más de una vez has comprado un libro basándote únicamente en quién lo había escrito, ¿verdad? Y es que cuando un autor consigue que nos enamoremos de su estilo o personalidad nos tiene ganados para siempre. De ahí la importancia de dotar a nuestros textos de un toque humano y, a ser posible, de una voz única.

¿Y esto cómo se consigue? ¿cómo podemos asegurarnos de que nuestro trabajo conserva ese toque humano? Empecemos por lo básico: el tono, el ritmo y el vocabulario. La combinación de estos define tu estilo y, mezclados en las proporciones adecuadas, crean un vínculo emocional con tus lectores que los atrapará y les hará querer repetir.

En primer lugar, tenemos el tono. El tono de tu escritura es como la música que suena de fondo en la escena de una película. Crea ambiente. Si eres un autor de no ficción que escribe un libro motivacional de autoayuda, es posible que quieras un tono positivo y constructivo. Si eres un autor de ficción, quizá prefieras un tono romántico y misterioso. El truco está en asegurarse de que ChatGPT entiende el tono que estás buscando. Para ello, dale ejemplos de textos escritos en ese tono.

Después tenemos el ritmo. El compás de tu sinfonía literaria. A algunos les gusta rápido y entrecortado, como el ritmo de un thriller. Otros prefieren un estilo suave y fluido, acorde con la serena belleza de una obra maestra de la literatura. En cualquier caso, una vez que tengas claro cuál es el ritmo que quieres utilizar en tu obra, tan solo debes pedírselo a ChatGPT y este generará un texto acorde a tus instrucciones.

Por último, tenemos el vocabulario, las palabras que más te gustan y que mejor te representan. Por suerte o por desgracia, ChatGPT no puede leer tu mente (todavía). Pero, por supuesto, puedes entrenarlo. Utiliza explícitamente tus palabras favoritas en tus instrucciones e indicaciones o directamente pídele que analice fragmentos de texto escritos por ti o por el autor al que quieres imitar.

Pero recuerda, aunque el tono, ritmo y vocabulario son elementos cruciales para humanizar tu texto, hay algo más profundo que no puedes olvidar: tu alma creativa. Tus experiencias, tus pensamientos y tus sentimientos son los que verdaderamente dan vida a tu escritura. ChatGPT puede proporcionarte las palabras, pero la esencia y el significado detrás de ellas provienen de ti.

Para ayudar a tu asistente de escritura a entender tu mundo interno, no dudes en compartir con él tus pensamientos, ideas y emociones más profundas. No te preocupes, ChatGPT está programado para mantener la confidencialidad de tus datos.

Porque humanizar tu libro no es sólo un acto de dotar tu escritura de un tono, ritmo y vocabulario personalizados, sino también de infundir tu alma en las palabras que eliges y en las ideas que decides compartir. ChatGPT es un aliado poderoso en este viaje, pero siempre recordando que es sólo una herramienta; el verdadero autor siempre serás tú.

Al final, lo que realmente importa es la relación que construyas con tus lectores. Que puedan sentirte en cada palabra que leen, que te conozcan y te reconozcan en cada línea y en cada idea. De esta manera, no sólo estarás escribiendo, sino que estarás compartiendo una parte de ti con el mundo.

No temas ser vulnerable, ser auténtico, ser humano. Porque eso es lo que realmente diferencia a un escritor de un generador de texto. Que cuando tus lectores lean tus palabras, no sólo vean letras en una página, sino que te vean a ti. Que vean la chispa que llevas dentro.

Crea portadas únicas con IA

Imagina que gracias a la ayuda de ChatGPT, por fin has conseguido terminar tu obra maestra. La trama, los personajes, las emociones, ... Todo ha sido perfectamente diseñado y estructurado. Pero... ¿y la portada? ¿Te habías olvidado? Piensa que una buena portada puede marcar la diferencia entre el éxito y el fracaso de un libro. Por mucho que tratemos de evitarlo o por mucho que nos duela, lo cierto es que no podemos evitar juzgar un libro por su portada.

¿No sería increíble que ChatGPT, que ha sido capaz de conseguir que escribieses una auténtica obra maestra en un tiempo récord, también pudiese ayudarte con un elemento tan importante? Al fin y al cabo, un libro sin una portada, es un libro inacabado.

Aunque como vimos en el capítulo dos, ChatGPT "únicamente" es capaz de proporcionarnos ideas para nuestra portada. Y no de diseñar la portada en sí. Lo que sí podemos pedirle es que prepare una descripción o instrucciones detalladas de cada una de estas ideas que luego utilizaremos para diseñar la portada mediante otras increíbles herramientas de IA.

Estoy hablando de los programas de generación de imágenes mediante inteligencia artificial que tan populares se han vuelto últimamente: DALL-E, Midjourney, Bing Image Creator... la lista es larga.

Lo único que tienes que hacer es copiar la descripción de tu portada que preparó ChatGPT, pegarla en uno de estos programas de generación de imágenes y, como por arte de magia, tendrás tu portada lista en menos de 5 segundos.

¿El primer resultado no te convence? Vuelve a ChatGPT, dile lo que no te ha gustado y pide que prepare una nueva descripción. O puedes probar con otras de las ideas que preparó. Además, te recomiendo repetir el proceso en distintos programas de generación de imágenes por IA. Puede que uno te encante para diseñar una portada realista y otro haga un mejor trabajo si lo que quieres es portada infantil con ilustraciones.

Si al principio, tus intentos se asemejan más a un cuadro de Picasso durante su etapa abstracta que a la portada profesional que tenías en mente, no te desanimes. Al igual que con ChatGPT, para obtener los mejores resultados de estos programas de generación de imágenes por IA, necesitarás algo de práctica.

Recuerda, la IA es solo una herramienta, un medio para un fin. Eres tú quien le da dirección, significado y propósito. Por lo tanto, no tengas miedo de experimentar, de probar diferentes combinaciones, de *pensar fuera de la caja*. ¡Sé valiente! Siéntete orgulloso de cada cuadro de Picasso que se cruce en tu camino. Porque cada uno de ellos te acerca un paso más a la portada perfecta para tu libro.

CAPÍTULO 5

Uso ético y profesional de ChatGPT

El chute de motivación que nos produce pulsar el botón "generar texto" y que un párrafo perfectamente escrito y estructurado instantáneamente se materialice en nuestras pantallas, es algo increíble. Lo sé. El poder de ChatGPT realmente parece cosa de magia. Pero, como diría Spiderman: "un gran poder conlleva una gran responsabilidad". Por eso, este capítulo está dedicado al uso ético y profesional de ChatGPT en el mundo de escritura.

Empecemos hablando de **la transparencia** con los lectores. Nuestros lectores confían en nosotros y les debemos honestidad. Del mismo modo que reconoces la inestimable contribución de tu editor, ilustrador o traductor, deberías reconocer la contribución de la IA en tu obra. ¿Por qué? Porque la honestidad no es sólo la mejor política, sino la única en la escritura profesional.

No hace falta que pongas en la portada "Escrito con ChatGPT". Bastará con un simple reconocimiento en los créditos, en el prólogo o en los agradecimientos. Seguro que tus lectores apreciarán tu transparencia. Puede que hasta incluso les fascine la idea.

Pasemos a **la responsabilidad**. Cuando creas historias con IA, es fácil dejar que ChatGPT tome el timón. Pero como autor, es tu responsabilidad garantizar la veracidad de la información, asegurarte que el contenido se ajusta a tus valores éticos y morales y, en general, mantener un alto nivel de calidad en tu trabajo. Si encuentras errores en el texto, datos falsos, contenido ofensivo, discriminatorio o que, simplemente, está fuera de sintonía con tu mensaje, es tu deber revisarlo y corregirlo. Recuerda que tú, y solo tú, eres el capitán del barco.

Por último, no olvidemos **los derechos de autor y la propiedad intelectual**. Este es un campo delicado, pues las leyes se actualizan a un ritmo mucho más lento del que avanzan las nuevas tecnologías.

Aunque es muy poco probable que ChatGPT reproduzca literalmente material protegido por derechos de autor, hay que tenerlo en cuenta y verificar que nuestro libro no plagie, aunque sea solo de forma parcial, una obra publicada con anterioridad.

Por otro lado, los contenidos generados por ChatGPT suelen considerarse nuevos y únicos, por lo que puedes reivindicarlos como propios. Pero recuerda que, en caso de duda, lo mejor es buscar asesoramiento legal.

Como norma general: respeta siempre el trabajo creativo de los demás, igual que querrías que se respetara tu propio trabajo.

En resumen, el uso de la IA en la escritura supone adentrarnos en un territorio nuevo y desconocido, que exige un nuevo tipo de responsabilidad por parte de los autores. Ser honesto con los lectores, asumir la responsabilidad creativa y respetar los derechos de autor son aspectos fundamentales de esta nueva era de la escritura asistida por IA.

Si nos atenemos a estos principios, podremos sacar el máximo partido de esta poderosa tecnología sin perder nuestra integridad como escritores. Y ése, querido escritor, debe ser nuestro objetivo final.

CAPÍTULO 6

Ingresos pasivos y ChatGPT

¿Estás cansado de tu jornada laboral de 9 a 5? ¿Sueñas con una vida en la que tus palabras pagues tus facturas mientras tu duermes, viajas o simplemente te relajas tomando una taza de café?

He querido dejar lo mejor para el final. Porque escribir libros está muy bien. Pero vivir de tus libros es algo IN-CRE-Í-BLE.

Así que, amigo escritor... ¡Bienvenido al apasionante mundo de los ingresos pasivos!

Los ingresos pasivos no son un sueño lejano en un utópico mundo de escritores, sino una realidad tangible y alcanzable para cualquier persona dispuesta a **pasar a la acción**.

Aquí reside el secreto, porque puede que te estés preguntando: "Si es tan fácil y tan bonito, ¿cómo es que no todo el mundo lo está haciendo?" Precisamente por eso, porque no todo el mundo está dispuesto a pasar a la acción.

Porque los ingresos pasivos, aunque increíbles, requieren de un trabajo inicial. Un trabajo que, ya sea por miedo o por pereza, la mayoría de personas no están dispuestas a hacer.

Y es aquí donde entra en escena nuestro nuevo compañero de aventuras, ChatGPT.

¿Te da pereza o simplemente no dispones del tiempo necesario para hacer ese trabajo inicial -escribir un libro-? Ya no hay excusas, ChatGPT lo hace por ti y sin pedir vacaciones ni pausas para salir a almorzar.

¿Tienes miedo de no ser lo suficientemente bueno, o no tener los conocimientos necesarios, como para escribir un libro capaz de generarte una nueva fuente de ingresos pasivos? ChatGPT será tu experto en el campo que elijas.

De acuerdo, ChatGPT va a permitirnos multiplicar tanto el número de libros que somos capaces de escribir como la calidad de estos, pero, ¿dónde está el dinero?

Son muchas las formas en las que podemos monetizar y crear ingresos pasivos a partir de nuestros libros, pero sin duda, la más potente, la que está cambiando el mundo y mi favorita, como ya sabes: es la autopublicación.

Qué es la autopublicación

La autopublicación es el proceso por el cual es el propio escritor el que publica su libro sin depender de una editorial tradicional. De esta forma, en lugar de vender los derechos a un tercero y recibir un porcentaje de las ventas, el autor autopublicado mantiene todos los derechos de su libro y recibe la totalidad de las ganancias.

El proceso es muy sencillo y, además, gratuito. Lo único que tenemos que hacer es subir nuestro manuscrito a una de las muchas plataformas de autopublicación disponibles (Amazon, Google Play, Kobo...) con un par de clics y esperar nuestro cheque a final de mes.

Por qué es mejor autopublicar que publicar con una editorial

Básicamente es una cuestión de control y beneficios.

Cuando decidimos optar por la autopublicación ganamos control y libertad. Ninguna editorial nos dirá si nuestro libro es digno de ser publicado, decidirá qué partes hay que cambiar o eliminar, nos impondrá un precio de venta o la fecha de publicación.

Con la autopublicación, es el autor el que decide si un libro merece la pena ser publicado, cuándo publicarlo, dónde publicarlo y, muy importante, a qué precio venderlo.

Y por supuesto, cuando decidimos autopublicar, pasamos de recibir un mísero 10% por las ventas de nuestros libros, a cobrar ¡no menos del 60%!

Cómo sacar el máximo partido de la autopublicación

Para maximizar el potencial de nuestros ingresos pasivos en el mundo de la autopublicación, debemos tener en cuenta tres puntos clave: autopublicar mucho (y con calidad), autopublicar bien (siguiendo un sistema probado) y autopublicar en todas partes:

1. Autopublicar mucho (y con calidad)

¿Es posible escribir un buen libro y que este no llegue a triunfar y darnos beneficios? Sí, es posible. Estoy seguro que existen auténticas obras maestras que cayeron en el olvido.

¿Es posible escribir 100 libros y no poder ni pagar la suscripción de Netflix? Sin duda, Amazon está lleno de ejemplos de ello.

¿Es posible escribir 20 buenos libros y no poder vivir de ellos? Las estadísticas dicen que no. Y, además, dicen que podrás vivir muy bien. ¿No me crees? Echa un vistazo la comunidad de Facebook "_20booksto50k_[6]".

Lo mejor de este primer punto es que, gracias a ChatGPT, escribir 20 buenos libros ya no es algo únicamente al alcance de unos pocos dotados con el don de la palabra y con mucho tiempo libre. Ahora, es algo que está en la mano de todo aquel que realmente se lo proponga y disponga de una buena guía como la que tienes entre tus manos.

---

[6] _facebook.com/groups/20Booksto50k_

2. Autopublicar bien

Como digo en _Triunfa con tu libro_[7]: "Autopublicar un libro es fácil... Autopublicar un libro y que no parezca autopublicado tiene su truco."

Seguramente si estás leyendo este libro, esa parte ya la tengas dominada, por lo que no voy a desviarme y a dedicar las siguientes 20 páginas a volver a explicártelo. Pero en el caso de que no sea así, y te interese saber más sobre el tema, puedes preguntar a Google, a ChatGPT... o puedes conseguir tu copia de "Triunfa con tu libro" completamente gratis a través del siguiente código QR:

---

[7] _soykevinalbert.com/tctl-serie_

3. Autopublicar en todas partes

Seguro que has oído aquello de no poner todos los huevos en una misma cesta.

Es un refrán que significa que no debes depender únicamente de una fuente de ingresos, o que no debes poner todas tus esperanzas y esfuerzos en una sola inversión o proyecto.

De aquí precisamente viene que la autopublicación sea mi estrategia favorita con la que generar ingresos pasivos. Porque una vez que tienes listo tu manuscrito podrás ponerlo en tantas cestas como quieras sin necesidad de invertir tu tiempo ni tu dinero gracias a los agregadores.

Un agregador es una plataforma de autopublicación que facilita a los autores la publicación y distribución de sus libros a nivel global en **más de 400 librerías físicas y digitales**, incluyendo por supuesto a los 5 grandes: Amazon

KDP, Google Play, Apple Book, Kobo y Barnes and Noble Press.

Los dos agregadores más conocidos son Draf2Digital y PublishDrive. La principal diferencia entre ambos es que mientras que con Draf2Digital pagas una comisión del 10% por cada libro vendido y si no vendes no pagas nada, en PublishDrive pagas una cuota fija mensual independientemente de si vendes o no, pero no se quedan ningún porcentaje de tus ventas.

Multiplica tus beneficios

Seguro que ya sabes que la mayoría de plataformas de autopublicación admiten varios formatos para sus libros: tapa blanda, tapa dura, libro electrónico y audiolibro[8].

---

[8] Puedes probar con generador de voz mediante inteligencia artificial o subir tu libro a ACX y elegir el narrador que más te guste: si elijes la opción de compartir beneficios podrás hacerlo sin invertir un solo euro.

Entiendo que, si pasar nuestro libro a cada uno de estos formatos supusiese una inversión considerable de tiempo o de dinero, pudiésemos plantearnos publicar únicamente en nuestro formato favorito o en aquel que pensásemos que tiene mayor potencial de venta. Pero, siendo un proceso automático ¡¿cómo es posible que existan tantos autores autopublicados con tan solo uno o dos formatos a la venta?!

Que esto no te pase a ti. Si quieres multiplicar X4 tus fuentes de ingresos potenciales. No olvides publicar todos tus libros en estas cuatro versiones.

Y si multiplicar por cuatro te parece poco, no olvides el paso número dos de mi método DTP[9]: ¡Traduce!

---

[9] DTP: Divide - Traduce - Promociona. Método que garantiza 600€ por libro. Explicado en *Vivir de mi libro*.

Porque ahora, gracias a ChatGPT podrás traducir tu libro a cualquier idioma en cuestión de minutos.

Incluso si decides contratar a un traductor profesional, ChatGPT puede ser un gran aliado en el proceso de revisión y corrección de las traducciones. Que no te den gato por liebre.

Si haces bien los deberes y utilizas a ChatGPT de forma adecuada, te aseguro que, al igual que para mí, la autopublicación se convertirá en tu gallina de los huevos de oro, capaz de librarte de las cadenas de la jornada laboral de 9 a 5 mucho más rápido de lo que puedas imaginar.

Ya sabes, el único secreto es pasar a la acción.

Conclusiones

Hemos llegado al final de nuestro viaje. Un viaje apasionante en el que hemos analizado el impacto de la inteligencia artificial y su uso práctico en el mundo de la escritura.

Durante este camino, hemos visto cómo ChatGPT puede ayudarnos tanto a superar los bloqueos que todo escritor experimenta en su carrera literaria, como a mejorar y acelerar nuestro proceso de escritura.

Nos hemos maravillado al descubrir cómo podíamos impregnar con nuestra voz y estilo propio (o el de nuestro autor favorito) cada párrafo generado de forma automática y aprendido a crear portadas únicas con un par de clics.

Además, ahora sabemos cómo hacer uso de esta nueva tecnología para crear y multiplicar nuestros ingresos pasivos gracias a la autopublicación.

Y todo ello de forma ética, profesional y respetando los derechos de autor.

Nadie sabe lo que esta nueva tecnología nos deparará y hasta qué punto será capaz de cambiar nuestras vidas. Probablemente no afectará de la misma manera a todo el mundo, y mientras que unos sabrán aprovechar y disfrutar de sus innumerables ventajas, otros puede que no sean capaces de adaptarse y sufran sus consecuencias.

Por suerte, el hecho de que tengas este libro entre manos, quiere decir que tú eres de los primeros: de los que se preparan, de los proactivos, de los que se anticipan al cambio en lugar de temerlo. Y eso, amigo mío, te sitúa en una situación privilegiada para aprovechar y disfrutar de las maravillas que nos depara este terremoto tecnológico que está a punto de sacudir nuestra realidad tal y como la conocemos.

Estamos a punto de escribir un nuevo capítulo en la historia de la humanidad.

Tú decides qué papel quieres interpretar.

25 de abril - 10:00 PM

Cómo escribir un libro con ChatGPT en 24 horas

¿Cómo? ¿Pero no habíamos terminado? ¿Se me han traspapelado los capítulos?

Como diría el Chapulín Colorado[10]: "¡Calma! ¡Que no panda el cúnico!". Está todo controlado. Todo está donde debería estar.

Este libro ha sido uno de esos experimentos que sabes que me encanta hacer. No me gusta simplemente contarte cosas de oídas, limitarme a

---

[10] "Superhéroe" accidentado de la mítica serie del mismo nombre de los años 70-80 que los cuarentones recordamos con nostalgia. Era nuestro Batman sin presupuesto.

darte mi opinión o resumir lo que puedes encontrar fácilmente con una búsqueda rápida en Google.

Porque todo lo que has leído hasta ahora ha sido escrito por ChatGPT.

¿No te has preguntado qué era esa fecha y hora que aparecía al principio del libro y que ha vuelto a aparecer justo antes de este capítulo?

Seguro que ahora sí has unido los puntos.

Efectivamente, son el día y hora en que empecé este libro y en que lo terminé. Tal y como me había propuesto el día anterior. Te cuento.

Llevaba ya unas semanas oyendo y leyendo a muchos expertos en autopublicación decir a sus seguidores que ChatGPT estaba bien, pero que podían estar tranquilos, que no suponía una amenaza para los escritores.

¿Cómo qué no? Puede que no fuese una amenaza para todos los escritores, pero desde luego, sí para muchos. Especialmente para aquellos que se confíen y no se actualicen.

En lugar de entrar en debate y tratar de rebatir sus argumentos en las distintas redes sociales en las que exponían su, tal vez interesado, punto de vista, se me ocurrió la idea de crear este libro... y demostrarlo.

Habiendo pasado todo el día con esta idea rondándome la cabeza, la noche del 24 de abril, estando ya en la cama a punto de dormir, me giré hacia mi chica, Maia, y le dije: "mañana me levanto contigo".

Al día siguiente, Maia se despertaba para ir a trabajar a las 06.00 de la mañana y no volvía hasta tarde. Así que me propuse levantarme a su misma hora y tener un libro escrito ¡y publicado! antes de que volviese a las 22:00 de la noche haciendo uso de ChatGPT.

El libro que tienes entre tus manos es el resultado de dicho experimento.

¿Se te ocurre mejor forma de demostrar el potencial de ChatGPT y la importancia de no quedarnos atrás?

Como imagino que si has llegado hasta este punto es porque el libro te ha parecido como mínimo aceptable (ese era el objetivo), voy a explicarte exactamente cómo lo hice, paso por paso, para que tú también puedas escribir, publicar y vender (¡sí, vender!) un libro en menos de 24 horas. Vamos allá.

El proceso es muy sencillo y es prácticamente el mismo al que sigo con cualquier otro de mis libros, con la diferencia de que en esta ocasión cada uno de los **10 pasos para publicar un libro** iba a hacerlos ChatGPT:

1. Investigación (15 min.)

2. Descripción (15 min.)

3. Título (15 min.)

4. Portada (1 hora)

5. Publicación 1/2 (15 min.)

6. Índice (15 min.)

7. Escribir el libro (1 hora)

8. Edición (5 horas)

9. Maquetación (1 hora)

10. Publicación 2/2 (5 min.)

Si tienes curiosidad por ver las instrucciones o **prompts** [11] exactos que di a ChatGPT durante el proceso de creación, he añadido un anexo al final del libro con las capturas de pantalla de cada uno de estos pasos.

---

[11] Recuerda esta palabra, porque con la llegada de ChatGPT vas a verla hasta en la sopa.

Investigación (15 min.)

A diferencia de mi primer libro, _Branding Low Cost_[12], en el que el proceso de investigación duró varios años, en este me llevó tan solo 15 minutos.

Puesto que el tema de mi libro ya estaba claro (si no, podría haber pedido ideas a ChatGPT), lo primero que necesitaba era estudiar el mercado y conocer a mi cliente objetivo o lector potencial.

Para ello, lo único que hice fue pedir a ChatGPT que preparase un listado de 30 problemas o dolores de una persona interesada en escribir un libro utilizando la IA y de estos elegí los 15 que me parecieron más potentes y pertinentes para mi libro. Nada más.

---

[12] _soykevinalbert.com/blc_

¿Podría haber profundizado más? Sin duda. Mucho más. Pero, para el objetivo de este libro tenía más que suficiente.

Recuerda que el éxito de un libro de no ficción reside en su capacidad para cumplir su promesa: resolver el problema o aliviar el dolor del lector. Y con esta simple investigación, ya tenía 10 dolores que sabía que ChatGPT era capaz de solucionar. Aparte de, por supuesto, enseñar cómo escribir un libro con IA en 24 horas.

Teniendo en cuenta que, sin ChatGPT, la investigación **mínima** que recomiendo hacer es la lectura de los 3 libros más vendidos sobre el tema que queremos escribir, acabamos de ahorrarnos unos cuantos días, o semanas, de lectura intensa.

Descripción (15 min.)

A partir de esta selección de 15 dolores a los que quería dar solución con este libro, pedí a ChatGPT que crease una descripción de 350 palabras en formato AIDA.

Al resultado obtenido tan solo tuve que añadir el listado de dolores en el formato "Este libro es para ti sí...", tres preguntas como encabezado y una llamada a la acción al final, que también pedí a ChatGPT.

De esta forma, y en menos de 15 minutos, conseguí una descripción escrita en un perfecto lenguaje persuasivo, capaz de despertar el interés del lector potencial y con el mismo formato que el resto de mis libros. Nada mal.

Título (15 min.)

Conseguir un listado de ideas para el título y subtítulo de tu libro es tan fácil como pedírselo amablemente a ChatGPT e inmediatamente te presentará tantas opciones y variaciones como necesites hasta dar con una combinación una que te convenza.

Pero que la rapidez y sencillez del proceso no te haga restar importancia a este punto pues el éxito de un libro empieza en el título. Recuerda la **Fórmula para un Título Perfecto**[13]:

FTP = palabras clave (SEO) + solución (punto de dolor) + personalidad + límite temporal.

Teniendo esto en cuenta, tras obtener los primeros resultados, tan solo tuve que pedirle que me diese una nueva lista, esta vez teniendo en cuenta el SEO.

---

[13] Analizada en detalle en *Vivir de mi libro*.

Con esta simple indicación di con el título que te ha llevado hasta este libro y que, tal vez a excepción de la personalidad, cumple con todos los requisitos de la fórmula para un título perfecto.

Portada (1 hora)

Una vez elegido el título, pedí a ChatGPT que me diese una lista de ideas para la portada de mi libro junto con un *prompt* (descripción) optimizado para DALL-E[14].

Seguidamente, copié estos prompts y los pegué en dos de los generadores de imágenes con los que había estado experimentando días atrás: DALL-E y Bing Image Creator.

El resultado que más me gustó fue uno de los generados por Bing Image Creator. Con este diseño, fui a Photoshop (puedes usar Canva si lo prefieres) y tan solo tuve que añadir título, subtítulo y autor.

Considerando que la siguiente mejor opción (calidad-precio) que recomiendo, es hacer un concurso en la plataforma *Freelancer*[15], con un coste aproximado de 50 euros y una duración de 7 días,

---

[14] DALL-E es el generador de imágenes por IA de creado por OpenAI, los mismos creadores de ChatGPT.
[15] *freelancer.es*

acabamos de ahorrarnos algo de dinero y, sobre todo, mucho tiempo de espera en el que podríamos haber empezado a vender nuestro libro. Porque una vez que tienes la portada lista...

¡Ya puedes poner tu libro a la venta!

Publicación 1/2 (15 min.)

¡No eran ni las 09:00 de la mañana y ya tenía mi libro publicado!

Porque en Amazon KDP, para empezar a vender tu libro, hasta un año antes de la fecha de lanzamiento, lo único que necesitas es: un título, una descripción y una portada. Algo que hemos conseguido en menos de 3 horas.

¿Qué ventajas tiene poner un libro en preventa?

1. Empezar a generar ingresos antes de tener el libro terminado.

Imagina que, por uno u otro motivo, tardas un año en terminar de escribir tu libro. Eso es mucho dinero que habrías dejado de ganar (si tu idea gusta a los lectores, claro).

2. Validar la idea que tienes para tu siguiente libro.

Puedes incluso utilizar anuncios de pago por clic (Amazon Ads, por ejemplo) para medir el interés real.

¡Ojo! Si finalmente decides no publicarlo, Amazon te penalizará y no podrás poner ningún otro libro en preventa durante un año entero.

3. Motivarte a terminar tu libro.

Motivarte, obligarte... llámalo como quieras. Pero realmente funciona. Y es el principal motivo (no el único) por el que decidí poner este libro en preventa. Porque una vez subido, ya no había marcha atrás.

Daba igual si me surgía algo más importante, si se me complicaban las cosas, si cambiaba de idea... Una vez puesto en preventa, no iba a permitir que Amazon me penalizase bajo ningún concepto.

Índice (15 min.)

Basándose en la descripción, pedí a ChatGPT que crease el índice para un libro de 10.000 palabras.

¿Por qué 10.000? Porque está comprobado que los libros de no ficción de entre 10.000 y 15.000 palabras (también llamados *short reads*), tienen muy buena acogida y funcionan muy bien.

¡Ojo! A ChatGPT, por el momento, no se le dan demasiado bien los números. Si a esto le sumamos que, también por el momento, tiene una limitación en sus respuestas de aproximadamente 500 palabras, puede que acabes frustrado tratando de conseguir la extensión deseada para tu libro. Yo lo aprendí por las malas.

Truco Pro: en lugar de pedir a ChatGPT que prepare el índice para un libro de X palabras, pídele el índice para un libro de X capítulos o subapartados. ¿Cuántos? Muy fácil. Lo único que tienes que hacer es dividir el número de palabras que quieres para tu libro entre 500 (la extensión máxima de las respuestas).

Por ejemplo, si quieres que ChatGPT escriba un libro de 10.000 palabras, el índice debería tener un total de 20 capítulos o subapartados:

10.000/500 = 20

Teniendo esto en cuenta, y para el ejemplo del libro de 10.000 palabras, podrías pedirle varias combinaciones:

- Un libro de 20 capítulos sin subapartados.

  o Capítulo 1

  o Capítulo 2

  o ...

  o Capítulo 20

- Un libro de 10 capítulos con 2 subapartados cada uno.

    - Capítulo 1
        o Punto 1
        o Punto 2
    - Capítulo 2
        o Punto 1
        o Punto 2
    - ...
    - Capítulo 10
        o Punto 1
        o Punto 2

- Un libro de 5 capítulos con 4 subapartados cada uno.

  - Capítulo 1
    - Punto 1
    - Punto 2
    - Punto 3
    - Punto 4
  - Capítulo 2
    - Punto 1
    - Punto 2
    - Punto 3
    - Punto 4
  - ...
  - Capítulo 5
    - Punto 1
    - Punto 2
    - Punto 3
    - Punto 4

Se entiende la idea, ¿verdad? Solo tienes que decidir el formato del índice que más te gusta para tu libro.

Escribir el libro (1 hora)

Llegado el momento de escribir el libro, solo tuve que pedir a ChatGPT que fuese desarrollando capítulo por capítulo. Empezando por el principio. Así que, sin salir del chat en el que había creado el índice, le indiqué: "Por favor, desarrolla la introducción".

Y así sucesivamente.

Si me gustaba como había quedado el capítulo, estupendo. Si no, solo tenía que pedirle que lo reescribiese dándole alguna indicación adicional, o simplemente pulsando "Regenerate response" y obtenía una nueva versión sin que tener que hacer absolutamente nada. Además, podía pulsar este botón de forma ilimitada y revisar todas las versiones que había ido generando para compararlas y poder elegir mi favorita.

Ya sabes que, menos ampliar el capítulo si ya ha llegado su extensión máxima de 500 palabras, puedes pedirle lo que quieras: "resúmelo en X palabras", "dame un ejemplo", "enumera los puntos clave a modo de conclusión", "busca estudios que respalden esta información", ...

Repitiendo este proceso por cada uno de los capítulos, tuve mi libro terminado en cuestión de minutos.

Truco Pro: Si quieres que ChatGPT utilice tu estilo o el de tu autor favorito a la hora de escribir, este es el momento de pedírselo. Para ello, tan solo tienes que pegar un fragmento de texto **representativo** con el estilo que deseas replicar y pedir a ChatGPT que lo analice. Ya sabes: tono, ritmo y vocabulario.

Si el análisis dice, por ejemplo, que el texto está escrito de forma conversacional, directa y motivacional, cuando pidas a ChatGPT que escriba cada uno de tus capítulos no olvides decirle que lo haga con este estilo.

Eso mismo hice yo cuando llegué a este punto. Pegué un fragmento de uno de mis libros, pedí a

ChatGPT que lo analizase y a partir de ahí que escribiese cada capítulo imitando ese estilo.

¿Te parece que lo ha conseguido?

Para mi gusto creo que se ha pasado un poco con los chistes. O es que cuando no los escribo yo, ya no me parecen tan graciosos. Ahora que lo pienso... eso explicaría que casi todas las reseñas negativas de mis libros se centren en mí y no en su contenido. ¡Ups!

Edición (5 horas)

Aunque el resultado obtenido ya era muy bueno (considero que ChatGPT es capaz de escribir mucho mejor que yo), dediqué la mayor parte del día a editar el libro por dos motivos:

Primero, para verificar que todo lo expuesto se correspondiera con la realidad y que no hubiera ningún error. Ya sabes que, como autores, somos los únicos responsables de lo que publicamos, aunque haya sido escrito por ChatGPT.

Y segundo, para pasar el test de cualquier detector de inteligencia artificial[16]. ¿Y esto por qué? ¿No es suficiente con ser transparentes con los lectores respecto a su uso? Éticamente sí. Pero, como Amazon todavía no se ha pronunciado al respecto (cosa que sí ha hecho Google, a favor, por supuesto), de momento más vale llevar cuidado.

---

[16] Te recomiendo usar Originality.AI: *soykevinalbert.com/originality*

Así que, antes de subir tu libro a KDP o a cualquier otra plataforma, asegúrate de conocer su política sobre el uso de la inteligencia artificial. Y si, como Amazon, no dejan clara su postura por el momento, es mejor que tu libro pase el test de estos detectores de IA sin despertar sospechas.

Maquetación (1 hora)

Seguro que ya sabes por mis otros libros, y si no te lo recuerdo yo ahora, que tan importante es lo que dices (el contenido) como la forma en que lo presentas (la maquetación).

Una buena maquetación conseguirá que tu libro no solo sea bueno, sino que también lo parezca.

Así que, ya que tocaba arremangarse, hice de este proceso lo más llevadero posible mediante el uso de una plantilla de maquetación.

El uso de una buena plantilla puede reducir el tiempo requerido para maquetar un libro de varios días a unos pocos minutos[17].

---

[17] Si buscas una buena plantilla de maquetación puedes buscar en *Book Design Templates*: *soykevinalbert.com/plantillas-bdt*

De esta forma, tuve mi libro listo en menos de una hora.

Publicación 2/2 (5 min.)

Bueno, ahora sí.

Mi chica todavía no había vuelto a casa y yo ya tenía mi libro completamente terminado, editado, maquetado y listo para publicar. Solo quedaba subirlo a Amazon.

Subo el libro y... ¡clic!

¡Objetivo conseguido: un libro en un día!

No está nada mal.

¿Y si además te digo que no publiqué un solo libro sino dos: en español y en inglés? ¿O que ese mismo día ya vendí 3 unidades?

Creo que puedo decir sin ningún género de dudas que **el experimento fue todo un éxito**, ¿no te parece?

Post-publicación

¿Recuerdas que te dije que Amazon te permite poner tu libro en preventa hasta un año antes de su publicación?

Yo fijé la fecha de publicación a 30 días.

Aunque hay varias buenas razones para ello, el motivo principal es que **un libro debe pasar por las manos de un editor profesional** antes de publicarse. Siempre.

No importa si lo has escrito tú, ChatGPT o Arturo Pérez Reverte.

Te recomiendo buscar en Upwork, si tienes tiempo y tu presupuesto es muy limitado, o en *The Urban*

Writers [18] si quieres despreocuparte y obtener un resultado rápido y profesional.

Por supuesto, también puedes aprovechar este tiempo de margen para hacer llegar el libro a tus lectores beta y obtener todo el feedback que puedas.

Aunque una de las grandes ventajas de autopublicar en una plataforma como Amazon es que, si después de haber publicado tu libro, encuentras algún error o quieres cambiar cualquier cosa, puedes hacerlo inmediatamente, eso no es excusa para que la primera versión que llegue a manos de tus lectores no tenga la máxima calidad posible.

Por supuesto, tú no tienes por qué usar la opción de la autopublicación y puedes pasar primero tu libro por un editor y cuando este te lo devuelva corregido, publicarlo directamente. Pero...

---

[18] Puedes obtener un 5% de descuento usando este código "SOYKEVINALBERT": *soykevinalbert.com/tuw*

¿Por qué no aprovechar esos días para poner a rodar tu máquina de ingresos pasivos y empezar a generar interés entre los lectores?

Nota: También aproveché estos 30 días de maniobra para optimizar la portada (haciéndola coincidir con la identidad visual de mis otros libros) mediante un concurso de Freelancer [19]. Si tienes curiosidad en ver las primeras portadas creadas por Bing Image Creator con las que hice el lanzamiento, te las dejo al final del libro en el anexo 2. Fueron dos: una para la versión en español y otra para la versión en inglés.

---

[19] Explicado con detalle en *Vivir de mi libro*.

Mantén el foco

¿No te resulta extraño que estemos a punto de llegar al final del libro y que no te haya hablado de plugins, extensiones o de los mejores prompts para escritores? Fíjate que ni siquiera te he dicho si he utilizado ChatGPT 3.5 o 4 para crear este libro.

¿Me he despistado? No. Simplemente, no es necesario. Este libro no va de eso.

Me explico.

Mi intención con este libro nunca ha sido convertirte en un experto de ChatGPT. Más bien todo lo contrario. El objetivo es precisamente transmitirte que NO necesitas ser un experto en ChatGPT para poder aprovechar su increíble potencial y así hacerte perder el miedo a esta nueva y revolucionaria tecnología.

Es por ello que no he querido emplear ningún "accesorio" externo. E incluso, aunque tengo acceso a ChatGPT 4, para este libro he utilizado ChatGPT 3.5, que además es gratuito.

¿Es posible conseguir todavía mejores resultados o escribir un libro incluso en menos tiempo con el uso de plugins o extensiones externas? No me cabe la menor duda. ¿Es necesario? No.

No debes de perder de vista tu objetivo final. E imagino que, si estás leyendo este libro y no otro, es porque tu objetivo no es "solo" escribir más y mejor, sino alcanzar la libertad financiera gracias a tus libros. O lo que es lo mismo, escapar de la carrera de la rata:

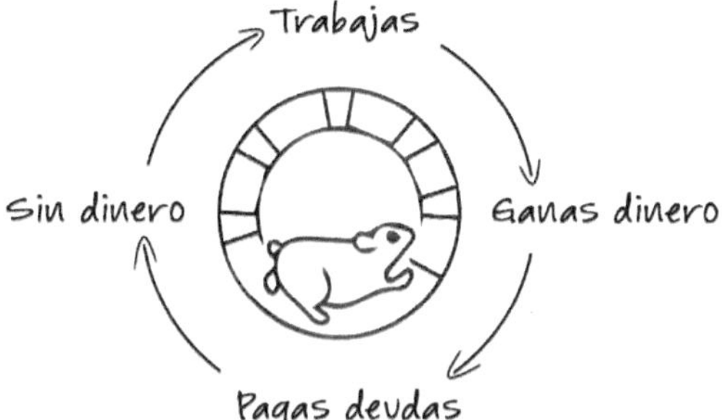

Y para ello, no necesitas volverte un experto en ChatGPT. Escribir un libro en 5 minutos o en 5 horas no va marcar la diferencia. Lo único que realmente va a marcar la diferencia es tu capacidad de pasar a la acción. Recuerda que ese es el único secreto.

Espero que este libro haya contribuido a darte ese empujoncito que muchas veces necesitamos para ponernos en marcha.

Ese era el objetivo.

Despedida

Bueno, ahora sí me despido de verdad.

Espero que hayas disfrutado mi libro, que te haya gustado la forma en que lo he organizado para intentar sorprenderte y, especialmente, espero haber cumplido la promesa de enseñarte, y demostrarte, que es posible escribir un libro con ChatGPT en menos de 24 horas.

No tengas miedo de esta increíble revolución tecnológica que nos ha tocado vivir y sobre todo no tengas miedo de usarla en tu beneficio y en el beneficio de tus lectores.

Shakespeare tenía su pluma, Hemingway su máquina de escribir, y tú, amigo mío, tienes a ChatGPT.

Un abrazo,

Kevin Albert

Necesito tu ayuda

Para que mi libro pueda ayudar a otros lectores como tú, **tu opinión es muy importante**. Te agradecería de corazón si me pudieses dedicar un par de minutos y dejar **una reseña** en tu plataforma favorita contándome qué te ha parecido:

- ¿Hay algo que hayas echado en falta?
- ¿Te ha gustado la sorpresa final?
- ¿Añadirías o quitarías alguna parte?
- ...

Incluso un simple "Me ha gustado" **me ayudaría muchísimo**.

¡Un regalo solo para ti!

¿Te gustaría leer **mi próximo libro completamente GRATIS**? ¡Escanea el código que aparece debajo y **apúntate a mi club de lectores!**

Te esperan grandes sorpresas: sé el primero en leer mis nuevos lanzamientos, escucha mis audiolibros de forma gratuita, consigue copias firmadas y dedicadas... ¡y mucho más!

Otros libros de Kevin Albert

Anexo 1:
Prompts

Investigación

Prepara un listado de 30 problemas o dolores de una persona interesada en escribir un libro utilizando la IA.

Aquí tienes un listado de 30 problemas o dolores que una persona interesada en escribir un libro utilizando la IA podría enfrentar:

1. Falta de experiencia en la escritura creativa.
2. Dificultad para generar ideas originales y creativas.
3. Bloqueo creativo y falta de inspiración.
4. Falta de conocimiento sobre la estructura y los elementos clave de una historia.
5. Desconocimiento sobre cómo desarrollar personajes memorables y convincentes.
6. Problemas para crear diálogos naturales y realistas.
7. Dificultad para mantener el ritmo y el interés del lector a lo largo de la historia.
8. Incapacidad para planificar y organizar el contenido de manera efectiva.
9. Falta de habilidades para la revisión y edición del trabajo.
10. Desconocimiento sobre cómo iniciar y finalizar una historia de manera impactante.
11. Incertidumbre sobre cómo presentar y describir escenas de manera efectiva.
12. Dificultad para mantener la coherencia y consistencia en la trama.
13. Falta de habilidades para la de ⟨...⟩ entornos.
14. Problemas para equilibrar la d⟨...⟩ diálogo y descripción.

⟳ Regenerate response

Send a message.

Descripción

Basándote la anterior lista de dolores, crea una descripción de 350 palabras en formato AIDA.

¡Descubre cómo la inteligencia artificial puede transformar tu escritura y llevarla al siguiente nivel!

¿Estás luchando para encontrar la manera de escribir un libro en un solo día? ¿Te sientes frustrado y confundido sobre cómo la IA puede mejorar tu escritura, aumentar tu velocidad y hacerla más eficiente? ¡No te preocupes más! Estamos aquí para ayudarte a superar todos esos obstáculos y lograr tus metas como escritor.

En primer lugar, entendemos que la escritura de un libro en un solo día puede parecer una tarea imposible. Sin embargo, con la ayuda de la inteligencia artificial, podemos ofrecerte herramientas y técnicas para optimizar tu proceso de escritura y maximizar tu productividad. Imagina tener a tu disposición un asistente virtual que te guíe en cada paso, brindándote ideas, sugerencias y recursos para que tu escritura fluya de manera efectiva y eficiente.

La inteligencia artificial, representada aquí por ChatGPT, es una poderosa herramienta que puede mejorar tu escritura de mú ↻ Regenerate response rá a perfeccionar tu estilo, corregir errores gramaticales y ortográficos, y ampliar tu vocabulario. Además, podrás

Send a message.

Título

Basándote en la descripción anterior, dame un listado de ideas para el título y subtítulo de un libro. Ten en cuenta el SEO.

Aquí tienes una lista de ideas para el título y subtítulo de un libro que toma en cuenta el SEO y se basa en la descripción anterior:

1. Título: "Transforma tu Escritura: Domina la IA para Escribir Mejor y Más Rápido"
   Subtítulo: "Descubre cómo Utilizar la Inteligencia Artificial para Potenciar tu Creatividad y Generar Ingresos Pasivos"
2. Título: "Escribir con Inteligencia Artificial: Desbloquea tu Potencial como Escritor"
   Subtítulo: "Aprende a Utilizar la IA para Mejorar tu Velocidad, Calidad y Ganancias en la Escritura"
3. Título: "La Revolución de la Escritura: Cómo la IA está Transformando el Mundo de los Libros"
   Subtítulo: "Descubre las Estrategias de Escritura y Generación de Ingresos Pasivos con la Inteligencia Artificial"
4. Título: "Optimiza tu Escritura con IA: Crea Obras Maestras Literarias en Tiempo Récord"
   Subtítulo: "Domina ChatGPT para Impulsar tu Productividad y Alcanzar el Éxito como Escritor"

   ↻ Regenerate response
5. Título: "Escritura de Élite: Desa................................ligencia Artificial"

Send a message.

Portada

⚡ Model: Default (GPT-3.5)

Dame un listado de prompts optimizados para DALL-E para crear la portada del libro "ChatGPT para escritores: Cómo escribir un libro con IA en 24 horas". Escríbelo en inglés, por favor.

Certainly! Here's a list of optimized prompts for DALL-E to create the cover of the book "ChatGPT for Writers: How to Write a Book with AI in 24 Hours":

1. Generate an image of a futuristic typewriter with an AI-powered ChatGPT logo on its front.
2. Create a visually striking book cover featuring a vibrant ChatGPT interface with an open book and an AI-generated pen hovering above it.
3. Design an eye-catching cover showcasing a writer's desk with a laptop displaying the ChatGPT interface, surrounded by books and papers.
4. Generate an image of an author sitting at a desk with a ChatGPT assistant hologram projecting above the desk, helping the author write a book effortlessly.
5. Create an intriguing book cover with a stylized representation of a clock and ChatGPT, symbolizing the concept of writing a book with AI in 24 hours.
6. Design an engaging cover featuring an artistically rendered ChatGPT "muse" whispering ideas into a writer's ear as they type on a laptop.
7. Generate an image of a writer's ⟳ Regenerate response into a burst of colorful AI-

Send a message.

Índice

⚡ Model: Default (GPT-3.5)

Basándose en la descripción anterior, crea el índice para un libro de 10.000 palabras.

A continuación se presenta un posible índice para un libro de 10.000 palabras basado en la descripción anterior:

Capítulo 1: Introducción a la IA y su impacto en la escritura

* La revolución de la inteligencia artificial en todos los sectores
* La llegada de ChatGPT y su aplicación en la escritura
* Oportunidades y desafíos para los escritores en la era de la IA

Capítulo 2: Preparándote para escribir con ChatGPT

* Estableciendo metas y expectativas realistas
* Conociendo las funciones y capacidades de ChatGPT
* Adquiriendo las herramientas y recursos necesarios

Capítulo 3: Mejorando la calidad y velocidad de tu escritura

* Técnicas para optimizar la calidad de los textos generados
* Consejos para aumentar la vel⟳ Regenerate response . ayuda de la IA

Send a message.

ChatGPT may produce inaccurate information about people, places, or facts. ChatGPT May 24 Version

Estilo (instrucción)

 Analiza el estilo del siguiente texto:

Por qué escribir un libro.

Aunque existen tantos porqués como personas, voy a centrarme en los que a mí me parecen los 7 mejores motivos para escribir un libro:

1. Vivir sin trabajar.

La mayoría de las personas vivimos esperando a que lleguen las cinco —u ocho— de la tarde para salir de trabajar, el viernes para empezar el fin de semana, agosto para irnos de vacaciones y… los sesenta y cinco años para jubilarnos y, por fin, poder ser libres y hacer lo que queramos.

Mucho cuidado, porque puede que muchos no lleguemos a los sesenta y cinco, que la esperanza de vida haya aumentado para entonces y tengamos que trabajar cinco o diez años más, que las pensiones se hayan agotado, que ya no tengamos salud para disfrutarla, etc. Entonces, ¿por qué arriesgarnos? ¿Por qué esperar?

Es cierto que ganar millones de euros con tu primer libro es algo que ocurre en raras ocasiones y que depende, entre otras, de tener un talento excepcional y de un factor de suerte muy considerable.

↻ Regenerate response

Sin embargo, ganar entre seiscier… , … … … … … …s de forma pasiva con tu libro tan

Send a message.

Estilo (respuesta)

⚡ Model: Default (GPT-3.5)

 El estilo de este texto se puede describir como informal, motivacional y orientado a la acción. Vamos a analizarlo en detalle.

1. **Informal**: El autor utiliza un lenguaje coloquial, evitando el jargonismo y el lenguaje técnico. Esto se puede ver en frases como "dejar de hacerlo para el gilip*** de nuestro jefe", que emplea un lenguaje muy familiar y cercano para generar un vínculo con el lector. Asimismo, hace uso de exclamaciones, preguntas directas, contracciones y un vocabulario accesible, lo que contribuye a un tono de voz amigable y accesible.

2. **Motivacional**: Este texto está claramente diseñado para inspirar y motivar al lector a actuar. El autor proporciona una serie de beneficios potenciales para escribir un libro, incluyendo la posibilidad de libertad financiera, mejora de la carrera profesional, viajar, entre otros. Además, utiliza un lenguaje emocionalmente cargado y asume que el lector tiene el deseo y la capacidad de lograr estos objetivos.

3. **Orientado a la acción**: A lo largo del texto, el autor hace un llamado a la acción, animando al lector a comenzar a escribir su propio libro. Por ejemplo, pregunta "¿Estás listo para empezar tu primer libro?" y utiliza verbos imperativos como "date cuenta", "tienes que decidir", "toma las riendas", para incitar a la acción.

4. **Personal**: El autor no teme compartir sus propias experiencias y opiniones, lo que le da al texto un estilo muy personal. Esto se refleja en frases como "voy a centrarme en los que a mí me parecen", "mi consejo es ... ro", entre otros.

5. **Estratégico**: A pesar de la infor........... enfoque estratégico y práctico

Send a message.

Escribir el libro

⚡ Model: Default (GPT-3.5)

Basándote en el índice anterior, desarrolla el primer capítulo. Escríbelo en un estilo Informal, Motivacional, Personal, Estratégico y Humorístico.

Capítulo 1: Introducción - ¡Bienvenido al Increíble Mundo de ChatGPT para Escritores!

¡Hola, hola, querido escritor intrépido! ¿Estás listo para sumergirte en una aventura literaria llena de ingenio, creatividad y el poder de la inteligencia artificial? ¡Estás en el lugar correcto! Permíteme presentarte al mejor aliado que cualquier escritor pueda desear: ¡ChatGPT!

Ahora, antes de que te sumerjas de lleno en este fascinante viaje, déjame decirte algo: escribir es un arte, una pasión que despierta nuestra imaginación y nos permite dar vida a mundos y personajes increíbles. Pero, a veces, todos nos enfrentamos a esos temidos bloqueos creativos, a esa sensación de estar estancados en una página en blanco. ¡Pero no temas! Aquí es donde entra en juego nuestro fiel compañero, ChatGPT.

Imagínate tener a tu disposición un asistente virtual capaz de brindarte ideas brillantes, expandir tus conceptos, e incluso ayudarte a encontrar ese giro sorprendente que hará que tus lectores se queden con la boca abierta. ¡Eso es exactamente lo que te ofrece ChatGPT!

Pero espera, no pienses ni por un ⟳ Regenerate response olo se trata de hacer trampa o dejar que la inteligencia artificial haga todo el trabajo duro. No, no, no. ¡Aquí vamos a

Send a message.

Anexo 2:
Portadas

CHATGPT
PARA AUTORES
CÓMO ESCRIBIR UN LIBRO
EN 24 HORAS CON IA
KEVIN ALBERT

CHATGPT
FOR AUTHORS
HOW TO WRITE A BOOK
IN 24 HOURS WITH AI
KEVIN ALBERT